Andrea Benesch

Der Zweite Weltkrieg. Lernzusammenfassung zur mündlichen Prüfung

GRIN Verlag

Bibliografische Information der Deutschen Nationalbibliothek:

Die Deutsche Bibliothek verzeichnet diese Publikation in der Deutschen National-
bibliografie; detaillierte bibliografische Daten sind im Internet über http://dnb.d-
nb.de/ abrufbar.

Impressum:

Copyright © 2013 GRIN Verlag GmbH
Druck und Bindung: Books on Demand GmbH, Norderstedt Germany
ISBN: 978-3-656-71930-4

Dieses Buch bei GRIN:

http://www.grin.com/de/e-book/278260/der-zweite-weltkrieg-lernzusammenfassung-
zur-muendlichen-pruefung

GRIN - Your knowledge has value

Der GRIN Verlag publiziert seit 1998 wissenschaftliche Arbeiten von Studenten, Hochschullehrern und anderen Akademikern als eBook und gedrucktes Buch. Die Verlagswebsite www.grin.com ist die ideale Plattform zur Veröffentlichung von Hausarbeiten, Abschlussarbeiten, wissenschaftlichen Aufsätzen, Dissertationen und Fachbüchern.

Besuchen Sie uns im Internet:

http://www.grin.com/

http://www.facebook.com/grincom

http://www.twitter.com/grin_com

Das Erbe des Ersten Weltkriegs

- Am Ende des Ersten Weltkriegs: 15 Millionen Tote

- Ende einer alten Zeit -> neue Zeit beginnt

- Begann als traditioneller Regionalkonflikt des 19. Jahrhunderts, wurde schnell zu einem Konflikt zwischen Großmächten und schließlich zu einem Weltkrieg

- Siebenjähriger Krieg, Napoleonische Kriege waren eigentlich auch Weltkriege

- Der Erste Weltkrieg war ein vermeidbarer Krieg ; ein überflüssiger, falscher, unnötiger und zufälliger Krieg

- Erster „Totaler Krieg" -> Trennung zwischen Front und Heimat / Zivilisten verschwimmt

  o Die ganze Gesellschaft ist involviert / imobilisiert

- Internierung von Ausländern

- Industrialisierung -> Totalisierung der Industrie

- Verschiebung der Grenzen:

  - Zentrum: Pentarchie, europäische Großmächte (F, GB, D, Ö-U, R)

  - Osmanisches Reich noch sehr präsent bis zu den Balkankriegen (1912 / 1913) in Europa vertreten, danach immer noch zentrale strategische Rolle

  - Mittelmächte: Spanien, Italien (latenter Großmachtanspruch), Schweiz, Niederlande, Belgien

- Willensnationen, politische Nationen, kulturelle Nationen

- Europa noch Zentrum der Welt ; Aufkommende Mächte: USA und Japan

- **1918:** Aufbrechen dieses Prinzips des Nebeneinander

  - <u>Neu:</u> Selbstbestimmungsrecht der Völker (Wilson)

  - Zerstörung / Auflösung der Nationalitätenstaaten / Vielvölkerreiche (Habsburger Monarchie, Zarenreich, Osmanisches Reich)

    - Österreich-Ungarn -> 7 neue Staaten

    - Löste nicht die Nationalitätenkonflikte sondern schuf neue

    - Viele neue Staaten werden neue Vielvölkerstaaten -> Instabilität

  - Verpflanzung von Bevölkerungsgruppen

    - Grenzen ziehen nicht mehr über die Bevölkerung hinweg, Bevölkerung wird mit verschoben

    - Hier neu, nach dem Zweiten Weltkrieg gängige Praxis

    - Beispiel: Elsass-Lothringen: Bevölkerung in 4 Kategorien eingeteilt und zum Teil deportiert

- **1923:** Vertrag von Lusan

  - Bevölkerungsaustausch zwischen Griechenland und der Türkei

  - Völkerrechtlich legitimiert -> großflächige Vertreibung

  - Mittel der Politik seit 1918

- Neue Randlagen:

  - Wien, praktisch bedeutungslos geworden

  - St. Petersburg verliert Hauptstadtstatus

- Zentrum – Periferie verschiebt sich

- Schweiz und Skandinavien jetzt wohlhabend, davor arm

- Wirtschaftsräume werden zerrissen

Der Weg in den Krieg – Die 20er und 30er Jahre

- **1863**: Gründung Rotes Kreuz

- etwa 9 – 10 Millionen Tote Soldaten im Ersten Weltkrieg

- 6 – 7 Millionen Tote Zivilisten

- Kriegsgräuel 1914: Deutscher Vormarsch in Belgien und Nordfrankreich

- Seeblockade

- Unbeschränkter U-Bootkrieg (Lusitania 1915)

- Vor 1914 gab es in Europa ein gewisses Maß an „Regeln" für den Krieg, im Ersten Weltkrieg wurden diese missachtet

- Hunger als Waffe

- Bürger = Soldat = Bürger -> Frauen keine Bürger weil keine Soldaten

- Nation und Krieg gehörten ganz eng zusammen

- Ende Erster Weltkrieg: Ende der Nationalitätenstaaten

- Völkerbund -> Vorläufer der EU -> sollte Frieden in Europa sichern aber ohne eigene Armee

  - Grundfehler: Ausschluss der Verliererstaaten und Russland / Sowjetunion

  - Wirkung nach außen: Herrschaftsinstrument der Siegerstaaten

- Ende des Ersten Weltkriegs: starke Antikriegsbewegung: „Nie wieder"

- **1928**: Briand-Kellogg-Pakt: Ächtung des Angriffskrieges

  - Völkerrechtsverbindlich

  - Auch Deutschland hatte unterschrieben

  - Eine der Grundlagen der Nürnberger Prozesse -> Verbrechen gegen den Frieden

- **1929**: Deutschland erreicht die Wirtschaftsleistung von 1913

- Enorme Kosten des Wiederaufbaus

  - Sozialleistungen (Invaliden, Kriegswitwen und Waisen)

  - Wiederaufbau der Städte

- Ruhrbesetzung -> beinahe Kollaps der deutschen Wirtschaft

- **1923**: Währungsstabilisierung

- USA werden vom Schuldner- zum Gläubigerstaat

  - Beinahe alle Staaten sind bei den USA verschuldet

  - Wiederaufbau Europas durch Anleihen bei den USA finanziert

- **1929**: Schwarzer Freitag

  - Börsenkrach

  - Beendet die „Goldenen Zwanziger"

  - USA zieht Kapital aus Europa ab -> Weltwirtschaftskrise

- Kriegsfolgekrisen

- Zwischenzeit als Krisenzeit

- Unzufriedenheit mit Friedensverträgen

  - Revision

  - Italien will größeres Stück vom Kuchen

  - Frankreich will eine Verschärfung

  - Großbritannien eine Milderung

  o Deutschland:

    - Inflation

    - Lohnverfall

    - Versailler Vertrag

- **1922**: Aufstieg Mussolinis

- 20er und 30er Jahre: Gesellschaftlicher Aufbruch

  - Amerikanisierung -> Jazz

  - Beginn des Sozialstaates -> Sozialer Siedlungsbau , Arbeitersiedlungsbau

  - Utopien -> Lebensreformbewegung ; Wandervogel

    - Aufflammen von Jugendbewegungen (begann schon vor dem Ersten Weltkrieg)

    - Freikörperkultur-Bewegung

1939

- <u>Intentionalistische Schule</u>: Hitler hat alles so geplant ; Stufen-Plan / Programm

- „Mein Kampf" und sogenanntes „Zweites Buch" keine Biographien, weil voller Selbststilisierung aber voll mit Hitlers Ideologie

- <u>Stufen-Plan</u>: bis 1942 Vorherrschaft Deutschlands auf dem Europäischen Kontinent ; Zweite Großphase: weltweite Vorherrschaft

- Schaffung eines Großgermanischen Reiches / Landes

- Germanisierungsfähige Völker

- <u>Hans Mommsen</u>: andere Theorie: Außenpolitik = nach außen projezierte Innenpolitik

- Außenpolitik – Doppelseitig: Friedenspropaganda – geheime Aufrüstung für den Krieg

- Pläne liegen 1933 bereits in der Schublade ; Entstanden schon in der Weimarer Republik

- Eroberungen notwendig um weitere Aufrüstung zu finanzieren -> Flucht nach vorne

- Abbruch der Aufrüstung ideologisch nicht möglich

- Gegensätze:

- **15. Mai 1933**: „Friedensrede" Hitlers

- **3. Februar 1933**: „Liebmann-Aufzeichnung" – Hitler ist gerade 4 Tage Reichskanzler

- **20. Juli 1933**: Konkordat mit dem Vatikan -> Anerkennung des neuen Regimes durch ein anderes Land -> Außenpolitische Anerkennung

- **November 1936**: Umschlagpunkt -> Achse Berlin - Rom

- **5. November 1937**: Aufzeichnungen von Oberst Friedrich Hoßbach -> Hoßbach-Protokoll -> Raumnot muss mit Gewalt gelöst werden, es geht nicht darum Grenzen von 1914 wiederherzustellen, sondern um mehr

- **5. Oktober 1937**: Roosevelt „Quarantäne-Rede" -> kein anderer Staat außer USA wird genannt aber jeder weiß, worum es geht

- ab **1940** sind die USA eigentlich eine Kriegspartei

- **12. März 1938**: mit dem Anschluss Österreichs startet die Expansion -> Anschluss: Völkerrechtlich nicht anerkannte neue Grenze ; Treibende Kraft: Göring -> Schwacher Diktator in der Außenpolitik ?

- **15. März 1938**: Hitlers Rede auf dem Heldenplatz in Wien: neue Mission ; älteste Ostmark des deutschen Volkes jetzt jüngstes Bollwerk der deutschen Nation, des Deutschen Reiches

- Tschechoslowakei: wichtige Lage, gut ausgerüstete Armee, gut befestigte Grenzen, letzter übriggebliebener demokratischer Staat, Zuflucht- und Exil-Ort

- **1938 / 1939:** Sudetenland wird zum Protektorat Böhmen und Mähren

- **29. September 1938:** „Münchner Abkommen" wird ohne den Tschechischen Ministerpräsidenten verabschiedet, wird als großer außenpolitischer Triumph Hitlers angesehen, ist aber eigentlich eine Niederlage

  - Auflösung der Tschechoslowakei: Sudetenland per Vertrag abgelöst, Polen kriegt auch ein Stück, Ungarn auch

  - **März 1939:** Zerschlagung der Rest-Tschechei, Loslösung der Slowakei

  - Völkerrechtlich abgesichert

  - Hitlers unbedingter Kriegswille

  - Münchner Abkommen: Höhe- und Wendepunkt der Appeacement-Politik

- **23. August 1939:** Hitler-Stalin-Pakt -> Deutsch-Sowjetischer-Nichtangriffspakt -> geheimes Zusatzprotokoll -> praktisch der Beginn des Zweiten Weltkrieges

1940

- **Katyn:** Massaker westlich von Smolensk, März / April 1943 entdeckt

  - Tausende tote polnische Soldaten, teilweise mumifiziert

  - Nach Annektierung Polens – Verfolgung nicht nur der Juden, sondern auch des Klerus und der polnischen Bürger

  - **1940 – 1943:** 300.000 – 320.000 politische polnische Gegner Russlands deportiert

  - UdSSR keine offizielle Unterzeichnung der Zweiten Genfer Konventionen, wollten sich aber angeblich daran halten

  - Katyn -> kein klassisches Kriegsverbrechen

  - Deutsche Waffen werden verwendet, deutsche Munition -> militärische Zusammenarbeit in den 20er Jahren

  - Täuschung

  - Für Propagandazwecke auf beiden Seiten ausgeschlachtet

  - Untersuchung mit Ausländischen Experten / Spezialisten

  - Beinahe alle waren mit den Deutschen verbündet und einer war ein US-Amerikanischer Offizier in Kriegsgefangenschaft

  - „Propaganda-Krieg" -> Deutschland gegen die Sowjetunion

  - Anti-Hitler-Koalition musste um jeden Preis zusammengehalten werden -> Nürnberger Prozesse, Katyn war ein sowjetisches Verbrechen, Aliierte Verbrechen werden nicht verhandelt

  - Die Sowjetunion hat bis zu ihrem Ende ihre Verantwortung bestritten

  - 1992 von Russland anerkannt

- **März 1940:** Radikalisierung der Politik gegen „Feinde" der Sowjetunion – durch Sondergerichte zum Tod verurteilt

  - 26.000 Verurteilte -> systematische Morde

  - Angehörige nach Kasachstan deportiert (rund 6000)

  - 22.000 Tote, 4500 bei Katyn

  - Vertreter der polnischen Bourgeoisie

  - Ostschakow 6000 Tote

- **3. September 1939:** Großbritannien und Frankreich erklären Deutschland den Krieg

- „Sitzkrieg" im Westen

    - September 1939: 23 Deutsche gegen 90 alliierte Divisionen

    - Mai 1940: 97 Deutsche gegen 107 alliierte Divisionen

    - Großbritannien hat Respekt vor der Kampfkraft der Wehrmacht -> langsame Mobilisierung

- Propaganda Held Günther Priem

- **17.12.1939**: Selbstversenkung der Admiral Graf Spee vor Montevideo

- „Der „Altmark-Zwischenfall" – durch die Schuld von Norwegern konnte das deutsche Schiff mit britischen Kriegsgefangenen gekapert werden -> Norwegen und Dänemark werden besetzt – „Weserübung"

    - **9. April:** Erklärung: keine feindliche Absicht – man will den Westmächten zuvor kommen

    - kein Widerstand gegen die Besetzung in Dänemark -> deshalb mondäne Besatzungspolitik

    - Norwegen strategisch wichtig – „Wettlauf um Norwegen"

    - Atlantikzugang (Narvik), Zugriff auf schwedische Erzexporte

    - Operativer Fehlschlag -> insbesondere hohe, unersetzbare Verluste der Kriegsmarine

    - Widerstand gegen Besetzung

    - Ungerechtfertigter Angriffskrieg gegen ein neutrales Land

- **16. Mai 1940:** Angriff auf Frankreich

    - 1. Phase: Einmarsch in Belgien, Niederlande und Luxemburg

    - Der „Fall Rot" = Frankreich

    - Der „Fall Gelb" = Belgien, Niederlande, Luxemburg

    - Quasi „Schlieffenplan" – zweigeteilt

    - **14. Mai 1940:** Luftangriff auf Rotterdam -> zerstört

        - Friedensverhandlungen liefen bereits

    - „Sichelschnitt"

    - Zwei Haltebefehle: **17. Mai** und **23. Mai:** 24 Stunden Unterbrechung

    - Rettung des britischen Expeditionsheers -> erfahrene Berufssoldaten

    - „Wunder von Dünkirchen"

- Flucht über den Ärmelkanal von Briten und Franzosen
- **14. Juni**: Paris fällt
- **25. Juni**: Waffenstillstand (am 22. geschlossen) tritt in Kraft
- in 10 Tagen bricht Frankreich zusammen
- Flucht nach Süden (rund 300.000 Emigranten auf der Flucht)
- **18. Juni**: Ansprache Charles de Gaulle im Radio in London
- Weltkrieg wegen der französischen und britischen Kolonien
- Waffenstillstandsbedingungen:
  - 60% Besetzt, Elsass-Lothringen unter deutscher Verwaltung
  - Frankreich trägt die Kosten der Besatzung
  - Kriegsgefangene bleiben bis Friedensvertrag Gefangene
  - Französische Armee wird demobilisiert und abgerüstet, die Vichy-Regierung darf in Frankreich 100.000 Mann als Heer behalten plus ihre Streitkräfte in den Überseegebieten
  - Entwaffnung der französischen Flotte in den Heimatgewässern
  - Frankreich wird in 2 Zonen unterteilt: Nord = besetzte Zone und Süd = unbesetzte Zone
- Psychologische Wirkung: Der Führer hat in 6 Wochen geschafft was wir 1914-1918 nicht geschafft haben
- Krieg scheint gewonnen und vorbei
- Symbolpolitik: der Wagen von Compiègne in dem 1918 die Deutschen sich davon geschlichen hatten

1940

Die Luftschlacht um England

- **24. August:** Erster deutscher Bombenangriff auf London („versehentlich")

- **24. August:** Churchill befiehlt Bombenangriff auf Berlin in der Nacht vom 24. auf den 25. August

- **25. August:** Hitler befiehlt Zielwechsel -> Bombenangriffe auf London

- Beurteilung: Fighter   Command: Fortsetzung   deutscher   Bombenangriffe   auf Bodenorganisation 11th Fighter Group: „Ernste Besorgnis"

- **10. Juli:** Battle of Britain / Die Luftschlacht um England beginnt

- **16. Juli:** Operation Seelöwe befohlen

- **1. August:** Weisung Nr. 17: Ausschalten der Royal Air Force

- **13. August:** Adlertag

    - Großbritannien: kleiner Vorteil bei der Radaraufklärung -> 10-15 Minuten Vorwarnzeit

    - Maschinenverluste in etwa gleich

    - Luftkämpfe über britischem Territorium

    - Deutsche abgeschossene Piloten für die Kriegsführung verloren -> wenn sie überlebten gerieten sie in Kriegsgefangenschaft

    - Britische Luftwaffe stand kurz vor dem Kollaps, dann deutscher Strategiewechsel -> Bombenangriffe auf Städte, u.a. London

    - Bis **April 1941** 28.000 getötete Zivilisten, 550 Piloten und 2000 Deutsche

    - Erste nicht verheimlichbare Niederlage der deutschen Wehrmacht bzw. Luftwaffe

    - Neue Zielsetzung: Sowjetunion

- Großbritannien hätte den Krieg 1940 nicht gewinnen, aber verlieren können

- „England's finest hour"

1941

- Angriff auf Sowjetunion muss verschoben werden -> Krieg auf dem Balkan -> Grund: Mussolini

- **Oktober 1935-1936:** Der Abessinienkrieg: dreiviertel Millionen Äthiopier getötet u.a. durch Gasangriffe

- **28. Oktober 1940:** Italien überfällt Griechenland -> erleidet Niederlage, weil die Griechen von Großbritannien unterstützt werden

- **6. April 1941:** Bombenangriff auf Belgrad

- **25. März:** Jugoslawien tritt auf Seiten Deutschlands dem drei Mächtepakt bei -> Putsch

  - Jugoslawien wird überrannt

  - Bedingungslose Kapitulation nach 11 Tagen

  - Kriegsverbrechen: Hinrichtung von 36 Geiseln in Pancevo / Serbien

  - Unterschiedliche Behandlung der Kriegsgefangenen je nachdem welche „Wertigkeit" ihre Rasse hat

  - Besatzungsverwaltung: Österreicher

  - Serbien: Erstes Land, in dem der Judenmord systematisch durch die Wehrmacht begangen wird (1941)

  - Aufteilung Jugoslawiens in 10 Teile

  - Kroatien wird unabhängig ist aber von Deutschland abhängig -> Verbündeter

- Die Besetzung Griechenlands

  - **6. April:** Einmarsch aus Bulgarien

  - **9. April:** Durchbruch durch die Metaxa-Linie

  - **20. – 23. April:** Kapitulation der Armee

  - bis **30. April:** Evakuierung der britischen Armee nach Kreta

  - **20. Mai:** Beginn der deutschen Luftlandeoperation auf Kreta

  - bis **1. Juni:** Evakuierung der alliierten Streitkräfte

  - Aufteilung Griechenlands

- **22. Juni:** Beginn des Krieges gegen die Sowjetunion

- Die Rote Armee hatte eine Niederlage im sogenannten „Winterkrieg" gegen Finnland erlitten

- **1940:** Die Sowjetunion annektiert Balkanstaaten -> Beute aus dem Hitler-Stalin-Pakt

  - Massive Aufrüstung

  - Präventiv Krieg ?

- **30. März 1941:** Die Russen sind keine Kameraden -> Vernichtungskrieg

- **18. Dezember 1940:** Weisung Nr. 21 -> konkrete Planung des „Unternehmens Barbarossa"

  - 4,5 Millionen deutsche Soldaten mobilisiert

  - 3 Millionen sowjetische Soldaten, aber Überlegenheit beim Kriegsgerät, allerdings veraltet

  - Frontlinie zu Beginn 1500 km lang

  - Deutsche Rüstung auf langfristigen Abnutzungskrieg nicht ausgerichtet

  - Deutscher Angriff dreigeteilt: Heeresgruppe Nord, Heeresgruppe Mitte (Moskau), Heeresgruppe Süd

    - Kennzeichen der 1. Phase: Kesselschlachten

    - 2. Phase (Oktober): Stillstand wegen Regen

    - 3. Phase: Angriff auf Moskau -> scheitert
      - ↳ Verstärkung für die Sowjetunion aus Sibirien
        - ↳ Gegenangriff auf Moskau

- Leningrad soll nicht erobert, sondern ausgehungert werden

- **September 1941 – Januar 1944:** „Hungerkrieg" -> Hunger als Kriegswaffe um die dort lebende Bevölkerung auszulöschen

- **26. September:** Größte Kesselschlacht bei Kiew: Deutschland nimmt 660.000 Sowjets gefangen

- Scheitern: Winter

  - Wehrmacht ohne Winterausrüstung unterwegs

  - T34 Panzer, deutsche Panzer sind ihm unterlegen

    - Technologieüberlegenheit vorbei

  - Evakuierung von Fabriken, werden abgebaut und hinter dem Ural wieder aufgebaut

    - Russische Produktion konnte weiter laufen

  - Mobilisierungsgrad der Wehrmacht zu gering (2 Millionen Pferde)

- **2. August 1941:** Großbritannien und die USA beginnen der Sowjetunion zum Teil über den Iran Flugbenzin, Schienen und Lokomotiven zu liefern

Pazifik

- **1937**: Beginn Zweiter Japanisch-Chinesicher-Krieg

    - Massaker von Nankin

    - Sehr grausamer Eroberungskrieg

    - Massenvernichtung

    - USA unterstützen China zum Teil durch Waffenlieferungen

    - Verlegung der Pazifikflotte von San Francisco nach Hawaii

    - „Wirtschaftskrieg" -> Japan ist von den USA abhängig -> Öl-abhängig -> 80% des Erdöl-Bedarfs Japan wird aus den USA importiert

- **Juli 1941:** Erdölembargo: USA, Großbritannien und Niederlande gegen Japan -> 90% der Importquellen fallen weg

- **26. November:** Note: Japan soll aus China raus

    - Sicht Japans: Ultimatum

    - Letzter Anlass für den offiziellen Krieg gegen die USA

    - Ziel Japans: Entkolonialisierung

- 1940 wurden rund 48.000 LKW in Japan produziert, in den USA wurden 4,5 Millionen produziert

- Isoroku Yamamoto: Japanischer Oberbefehlshaber der Flotte

- **7. Dezember 1941:** Angriff auf Pearl Harbor (an einem Sonntag!)

    - japanischer Angriff erfolgt formell ohne Kriegserklärung aber nicht intentioniert -> war nicht rechtzeitig entschlüsselt und weiter gegeben worden

    - Pazifikflotte soll neutralisiert werden

    - Befehl: oberste Priorität: Piloten sollen Schiffe angreifen, den Stützpunkt und die Luftstreitkräfte zerstören, nicht die Infrastruktur

    - Völlige Zerstörung Pearl Harbors als Stützpunkt misslingt

    - Flugzeugträger waren 3 Tage zuvor verlegt worden -> von entscheidender Bedeutung -> Verschwörungstheorie

    - Der Pazifikkrieg war ein Krieg der Flugzeugträger

    - Bilanz:

        - 2403 Tote US-Soldaten

- 12 Schiffe versenkt -> die meisten können aber noch im Krieg gehoben und repariert werden (2-3 Jahre später), außer der Arizona

- 160 Flugzeuge zerstört und weitere 160 beschädigt

- 69 Flugzeuge der Japaner wurden zerstört

- 65 Japanische Piloten kamen ums Leben

- 2 U-Boote wurden zerstört

- Am Ende hatte Japan 11 Träger im Pazifik, die USA 5

1942

- Wendepunkt tritt ein wegen Überdehnung der Achsenmächte

- 1942 größte Ausdehnung der Achsenmächte Italien, Japan und Deutschland

  o Deutschland hat Pläne zum Stopp von Panzerproduktion, Japan stellt auf Kriegsflotte um -> durch Wirtschaft auf Dauer nicht leistbar

- Japan agiert im Pazifik, erobert vor allem küstennahe Gebiete, damit Nachschub geliefert werden kann

- **18. April**: Amerikaner bombardieren mit wenigen Bombern Tokio -> psychologische Wirkung

- Japaner expandieren weiter in Richtung Australien: Flugzeugbasen sollen errichtet werden

- **7. / 8. Mai**: Seeschlacht am Coral Sea -> entschieden durch Flugzeugträger und ihre Flieger

- **4. - 7. Juni**: Schlacht um das Midway-Atoll -> Entscheidungsschlacht von Japanern und Amerikanern herbeigeführt

  o Japan wird bei Midway nicht besiegt, muss sich aber von Amerika zurückziehen -> USA hat Kapazitäten für europäischen Krieg frei, Japan wird weiter zurückgedrängt („Inselspringen")

- **19. August**: in Dieppe Probelauf für die Landung der Aliierten -> nur 30% überlebten, Deutsche waren auf Angriff vorbereitet

  - zweite Front kann noch nicht eröffnet werden

  - Hafenstädte sind für Eroberung zu stark befestigt

- Luftangriffe werden verstärkt

- In der Sowjetunion: kein erneuter Angriff auf Moskau sondern Richtung Kaukasus -> strategisch wichtig

- Materielle Versorgung in Deutschland gut, alle profitieren

- Vormarsch kommt in Stalingrad zum Erliegen -> beide Seiten wollen die Stadt unbedingt halten; Luftwaffe kann eingekesselte Soldaten nicht versorgen -> **31.12.** Kapitulation, Vernichtung der 6. Armee

- Stalingrad war der östlichste Punkt der deutschen Expansion

- **Juli - November**: Schlacht von El Alamein: Deutsche unterstützen italienischen Vormarsch -> afrikanische Nordküste fällt an Aliierte -> Weg nach Sizilien / Italien ist frei

1943

- **1942:** Höhe- und Wendepunkt der Ausdehnung der Achsenmächte
- Stalingrad – Opfermythos
    - 190.000 Tote Deutsche Soldaten
    - 500.000 Sowjets
    - 40.000 zivile Bewohner der Stadt getötet -> Verbot die Stadt vorab zu verlassen
- **18. Februar 1943:** Goebbels im Berliner Sportpalast
- wollt ihr den totalen Krieg?
- Engländer als Hauptfeind in der Propaganda-Schlacht
- Inhaltlicher Wendepunkt in der deutschen Propaganda
- **8. März 1943:** Meldungen aus dem Reich -> depressive Stimmung im Reich
- **14. – 26. Januar 1943:** Konferenz von Casablanca (Marrokko)
    - Churchill, Roosevelt und de Gaulle, Stalin lässt sich entschuldigen
    - Planung der künftigen Kriegsbemühungen
    - Gespräche über Frankreich
    - Atlantik- und U-Boot-Krieg, da hatten die Deutschen noch die Überhand
    - Zweite Front: Mittelmeer -> Landung in Sizilien
    - Festlegung: deutsche Kapitulation kann nur bedingungslos erfolgen
- **28. November – 1. Dezember 1943:** Konferenz von Teheran
    - alle „Großen Drei" versammelt
    - Invasionsplanung für 1944
    - Planung was mit Deutschland geschehen soll
    - Festlegung der künftigen sowjetisch-polnischen Grenze, der Zuweisung Ostpreußens für die Sowjetunion und der Oder als voraussichtliche Teilungsgrenze
    - Tito wird als Machthaber / Partner in Jugoslawien akzeptiert
    - Die Unabhängigkeit Finnlands wird beschlossen
    - Behandlung des deutschen Volkes umstritten
    - Inszenierte Einheit der Anti-Hitler-Koalition

- **19. April – 16. Mai 1943:** Warschauer Ghetto Aufstand – „Stroop-Bericht"

  - ca. 750 Aufständische

  - etwa 200 deutsche Soldaten und Polizisten

  - ca. 75% der Ghettokämpfer wurden getötet

  - ca. 300-500 SS-Soldaten wurden getötet

  - offiziell: 16 Tote, 85 Verwundete

  - polnische Polizeieinheiten wurden nicht gezählt

  - Jürgen Stroop -> Bericht über den Aufstand in 3-facher Ausfertigung

    - Wurde im März 1947 zum Tode verurteilt

    - dann nach Polen ausgeliefert und dort 1951 zum Tode verurteilt und 1952 hingerichtet

  - 17.000 zivile Ghettobewohner wurden ermordet, 7000 nach Treblinka deportiert, 42.000 weitere in ein anderes KZ deportiert

  - Täterperspektive

  - Opfer und Täter haben Namen -> Josef Blösche auf Foto identifiziert, Täter, 1969 in der DDR hingerichtet -> Opfer kaum identifiziert

- **7. Dezember 1970:** Historischer Kniefall Willy Brandts

- **24. Juli – 3. August:** „Operation Gomorrha" -> Bombenangriff auf Hamburg, 30.000 Tote

  - Feuersturm

  - Opfer: deutsche Zivilbevölkerung, Zwangsarbeiter, KZ-Arbeiter / Insassen (diese mussten in ihren Firmen weiter arbeiten oder Aufräumarbeiten erledigen und durften nicht mit in die Bunker)

- Dekolonialisierung

  - *Indien*

    - **1939:** Kriegseintritt Indiens

    - nach **1941:** Aufleben der „Quit India"-Bewegung

    - **9. August 1942:** Ghandi wird verhaftet

    - **10. Februar 1943:** Ghandi beginnt einen Hungerstreik in britischer Haft

    - Subhash Chandra Bose (1897-1945) – verschollen

      - Vorsitzender des Indischen Nationalkongresses

      - Lehnte Gewalt nicht ab

      - Floh 1941 aus Indien

      - Rief im Februar 1942 zur Befreiung Indiens auf (in deutschem Exil) und floh anschließend nach Japan

      - Seit August 1945 verschollen

    - „Legion Freies Indien" -> 2 Legionen (2/3 Moslems) der Waffen SS unterstellt

      - 1945 aufgelöst und gefangengesetzt

      - 1946 freigelassen

  - *Algerien*

    - **10. Februar 1943:** Ferhat Abbas fordert Freiheit für Algerien in seinem Manifest „du peuple algérien adressé aux autorités francaises"

1943

- **4. Juli – 1. August 1943:** Unternehmen „Zitadelle" -> Schlacht bei Kursk

    - letzter Versuch Deutschlands im Osten die Überhand zu bekommen

    - Geheimhaltung schlug fehl

    - Wehrmacht verliert rund 1/3 ihrer Panzer

    - Wehrmacht ab da nur noch in der Defensive

- **Juli 1943:** Operation „Husky" -> Die Landung in Sizilien

    - Zweite Front -> einfaches Spiel für den Gegner

    - Führt Seitenwechsel Italiens herbei

    - Erster Bombenangriff auf Rom

    - Mussolini wird seines Amtes enthoben und verhaftet

    - Pietro Badoglio neuer Ministerpräsident Italiens

    - Vorübergehende Doppelpolitik -> öffentlich weiter Verbündeter Deutschlands ; gleichzeitig Geheimgespräche mit den Alliierten

- **8. September 1943:** Waffenstillstand mit den Alliierten

    - **13. Oktober:** Das südliche Italien erklärt Deutschland den Krieg -> im Norden gibt es einen neuen faschistischen Staat mit Sitz in Salò unter dem von den Deutschen befreiten Mussolini -> „Republik von Salò" (Hauptstadt Salò von Okt. 1943 – April 1945)

    - erst in der Republik von Salò gibt es in Italien den Holocaust

    - Vatikan: ca. 4000 Juden werden versteckt aber es gibt keine offizielle Erklärung gegen die Verfolgung

    - **28. April 1945:** Mussolini wird hingerichtet und in Mailand öffentlich zur Schau gestellt

    - Klosteranlage „Monte Cassino" südlich von Rom wurde durch Kämpfe zerstört

1944

- **14. August 1941:** Atlantik-Charta: die Präsidenten von Großbritannien und den USA treffen sich in der Mitte des Atlantiks und verabschieden eine Kriegszielerklärung ihrer beiden Länder

- **August – Oktober 1944:** Konferenz von Dumbarton Oakes: Die USA, Großbritannien, die Sowjetunion, China und Frankreich treffen sich

- **7. Oktober 1944:** Gründungsdokument der UN (Vereinten Nationen)

- Ungarn unter Horthy

- Verbündet mit Deutschland, um das ungarische Versailles ungeschehen zu machen

- **15. Oktober 1944:** „Pfeilkreuzler-Putsch" -> die faschistische Bewegung kommt an die Macht als Horthy abspringen will

- Im **Frühjahr 1944** werden ausländische Juden in Ungarn deportiert und ermordet, einheimische Juden erst nach dem Putsch

- *Raoul Wallenberg* (1912-1947) schwedischer Geschäftsmann, Sekretär der schwedischen Gesandtschaft

    - Füllte Schutzpässe für Juden aus, rettete so 30.000 Juden in Ungarn

    - Gerät selbst in russische Gefangenschaft

    - Schicksal bis heute ungeklärt

- Militäropposition

    - Systemimmanente Kritik bis 1938:

        - Ludwig Beck (1880-1944)

        - Wilhelm Canaris (1887-1945)

        - Hans Oster (1887-1945)

        - Franz Halder (1884-1972)

    - Wehrmacht hat sich mit Rühm-Putsch (Ermordung der SA-Führung) zutiefst kompromitiert

    - Umfassende Nazifizierung, Treueid auf Hitler

    - **1933-1936:** Heeresstärke steigt von 100.000 auf über 500.000

    - **1939:** Heeresstärke beträgt 2,7 Millionen Mann

    - **Januar / Februar 1938:** Fitsch-Blomberg-Krise

    - **Seit Frühjahr 1938:** Wehrmacht kein eigenständiger Akteur mehr

    - 42 Attentate auf Hitler geplant und / oder ausgeführt

    - **Herbst 1939:** Georg Elser lässt im Münchner Bürgerbraukeller eine Bombe detonieren, aber Hitler war schon früher gegangen

- <u>Die „Männer des **20. Juli 1944**"</u>

  - Henning v. Tresckow (1901-1944)

  - Claus Schenk Graf von Stauffenberg (1907-1944)

  - Friedrich Olbricht (1888-1944)

  - Albrecht Ritter Mertz von Quirnheim (1905-1944)

    - Fundamentaler Umbruch: Tyrannenmord -> ohne Tod Hitlers geht es nicht weiter

    - *Erkenntnis:* Attentat reicht nicht aus -> Staatsstreich muss her -> die sogenannten Walküre-Pläne wurden für ihre Pläne umgeschrieben ; ursprünglich Pläne gegen einen möglichen Aufstand der Zwangsarbeiter

    - <u>Verknüpfung</u> Militärischer und Ziviler Widerstand -> Kreisauer Kreis

      ↳ wahre Bedeutung des 20. Juli 1944

    - Das Militär musste Hitler ausschalten, weil sie als einzige noch an ihn heran kamen, aber die Neuordnung des Reiches müssen die Zivilisten machen

    - Problem: man brauchte jemanden der an Hitler heran kam

    - Stauffenberg musste beides machen: Attentat und Organisation

    - Hitler überlebte aber die Kommunikationsunterbrechung des Regimes klappte nicht

    - Walküre-Pläne wurden von den Verschwörern ausgegeben, aber Parallel kamen weiterhin Befehle aus der Kommandozentrale des Propagandaministeriums

    - Verschwörung schlägt fehl

    - Ähnlicher Versuch in Paris schlägt ebenfalls fehl

    - Bild in der Öffentlichkeit während des Krieges: Verräter die der Front in den Rücken fallen

    - 10. Jahrestag: erste Gedenkfeier weil antikommunistisch

    - das heutige Bild des 20. Juli gibt es erst seit den 80er Jahren

    - viele die 1943 / 1944 beim Militärischen Widerstand in Aktion traten waren lange Zeit begeisterte Anhänger des Regimes und in höheren Positionen tätig und dadurch sogar selbst Mittäter

- **22. Juni – 29. August 1944:** „Operation Bagration" -> größte militärische Katastrophe der Wehrmacht -> Zerschlagung der Heeresgruppe Mitte

  - Jahrestag des deutschen Überfalls auf die Sowjetunion

- Sowjetischer Überraschungsangriff gelingt, Führung glaubt an Täuschungsangriff

- Hauptziel: Minsk, kommen aber noch weiter

- Zusammenbruch der Front

- Rückzug wurde verweigert -> Sinnloser Haltebefehle

- Wassili Grossman (1905-1964) Frontberichterstatter „Die Hölle von Treblinka" -> erste Vernichtungsstätte wird befreit

- **6. Juni 1944:** „Overlord" – Landung in der Normandie

  - 150.000 Soldaten landen, eine Woche später sind es schon 300.000

  - gilt ebenfalls als Täuschungsangriff

  - sehr blutig, vor allem viele Amerikaner sterben

  - **25. Juli:** Ausbruch aus dem Kessel

  - **25. August 1944:** Befreiung von Paris

    - Racheaktionen an ca. 2000 Frauen

1944

- **17. – 27. September 1944:** Operation „Market Garden": Luftlandeoperation, Ziel: Befreiung der Niederlande

  - Die südliche Niederlande wird befreit, der Rest nicht

  - „Brücke von Arnheim"

- **16. Dezember 1944 – 21. Januar 1945:** „Ardennenoffensive"

  - Westfront

  - Grundgedanke von 1940: mit Panzern über die Ardennen

  - Anfangs erfolgreich -> Grund: schlechtes Wetter, die Alliierten können nicht fliegen

  - Dann dreht das Wetter -> **27. Dezember**: Wendepunkt

  - 17.000 Tote auf Seiten der Wehrmacht, 35.000 Verwundete

  - 20.000 Tote auf Seiten der Alliierten, und weitere 20.000 Vermisst

- **1. August – 3. Oktober 1944:** Warschauer Aufstand (Nationalpolnischer Aufstand)

  - 25.000 Mann hofften auf sowjetischen Beistand der aber nicht kam

  - Westalliierte unterstützten den Aufstand mit dem Abwurf von Gerät

  - Kapitulation

  - 16.000 Aufständische wurden getötet, 150.000 Zivilisten und 2000 Deutsche Soldaten

1945

- Mobilisierung für den „Endsieg" / „Endkampf"

- **13. – 15. Februar 1945:** Luftangriff auf Dresden / „Feuersturm von Dresden", 25.000-30.000 Tote -> Opfermythos

- **16. März:** Zerstörung von Würzburg

- **14. – 15. April:** Luftangriff auf Potsdam -> **20. April:** Potsdam wird eingenommen

- Luftkrieg: Opferzahlen in Japan viel höher -> Bauweise der Häuser

  - o Bsp. Ein Angriff auf Tokyo im März -> 83.000 Tote

- **September 1944:** Bildung des „Volkssturms"

  - Männer zwischen 16 und 60 Jahren

  - Ca. 175.000 Tote und Vermisste

  - Hohe Verluste, geringe militärische Wirksamkeit

  - Flagghelfer

  - Warum? -> Indoktrination, Militärischer Gehorsam, vor allem aber: <u>Terror</u>

- **20. März 1945:** letzter Auftritt Hitlers in der Öffentlichkeit ; Auszeichnung von Hitlerjungen

- Der Krieg wird nicht politisch sondern militärisch beendet

- **September 1944 – März 1945:** Schlacht ums Rheinland

  - **Oktober 1944:** Aachen wird als erste deutsche Stadt „befreit"

  - Brücke von Remagen

  - Der „Rührkessel" -> 300.000 Wehrmacht-Angehörige geraten in Gefangenschaft

  - Torgau: Sitz des Reichskriegsgerichts

- **Spätsommer / Herbst 1944:** „ Todesmärsche" ; 1/3 der Häftlinge sterben auf dem Marsch

- **16. – 19. April 1945:** Schlacht um die Seelower Höhen

  - Kampf um die Oderbrückenköpfe

  - Öffnete das Tor zu Berlin

  - 12.000 Tote der Wehrmacht, 70.000 Sowjets, insgesamt Verluste der Alliierten: 350.000 Mann

- Durchhalte Parolen

- Der Kampf um das Regierungsviertel in Berlin

- **30. April:** 14:25 Uhr, die Sowjetische Flagge wird am Reichtagsgebäude gehisst -> eine Ikone des Sieges

- Das Foto wurde einen Tag später auf Befehl Stalins nachgestellt

- Die Rauchwolken wurden hinein retouchiert

- Der „echte" Soldat auf dem Reichstag: Michail Petrowitsch Minin

- Alltag in Trümmern

- Kein Hungerkrieg in Deutschland

    - Erst nach dem Krieg -> Hungerwinter **1946/1947**

    - Mangelgesellschaft erst nach Kriegsende

- **7. Mai 1945:** Erste Kapitulation in Reims

- <u>Schlacht um Berlin:</u>

    - 80.000 getötete Sowjets

    - 100.000 getötete Wehrmachtssoldaten

    - 4000-5000 Selbstmorde

    - 100.000 Fälle von Vergewaltigung allein in Berlin

- **30. April 1945:** Selbstmord Hitlers -> Nachfolger Dönitz -> Verhandlungen mit den Alliierten Jodl

- **8. Mai 1945:** Zweite Kapitulation in Berlin-Karlshorst

- V.E.-Day

- Krieg im Pazifik geht aber noch weiter

- Iwo Jima -> besonders heftig umkämpft

- **19. Februar 1945:** Landung der Amerikaner beginnt -> 6000-7000 Tote auf amerikanischer Seite

    o **23. Februar 1945:** Legendäres Foto entsteht -> noch eine Ikone, Symbol der Eroberung, ebenfalls nachgestellt, 2 Tage später

- *Die Atombombe:*

- **seit Frühjahr 1942:** Entwicklung der Atombombe

- **1. Juni 1945:** Die Entscheidung fällt: Die Waffe wird eingesetzt werden

- **16. Juli:** Erster erfolgreicher Test der Atombombe „Trinity" in New Mexico

- Amerika wollte die Sowjetunion aus der Nachkriegsordnung im Pazifik raus halten

- **6. August 1945:** 8:16 Uhr: Die Atombombe wird auf Hiroshima abgeworfen

  - Todesopfer:

    - 90.000 sofort

    - 60.000 weitere bis Ende 1945

    - 90.000 weitere an den Langzeitfolgen

    - insgesamt: etwa 240.000 (98% der Bevölkerung)

- Warum Hiroshima? -> es gab dort kein Kriegsgefangenenlager in der Nähe, wurde im Vorfeld geschont

- Kirchlicher Segen dafür wurde erteilt

- **7. August:** berichtet Präsident Truman davon, fordert Kapitulation Japans

- **8. August:** Die Sowjetunion erklärt Japan den Krieg

- **9. August:** 11:02 Uhr: Die zweite Atombombe wird auf Nagasaki abgeworfen (Rüstungsstadt)

  - **15. August:** Der Tenno (Kaiser) spricht zum ersten Mal über Radio mit seinem Volk -> Mitteilung über die Kapitulation

  - **16. August:** Befehl zur Kapitulation

  - **2. September 1945:** Die Kapitulationsurkunde wird unterzeichnet

  - **9. September:** Die Japanische Armee in China kapituliert

  - **12. September:** Die Japanische Armee in Singapur kapituliert

    ↳ offizielles Ende des Zweiten Weltkrieges

- 50 Millionen Tote insgesamt

- **4. – 11. Februar 1945:** Konferenz von Jalta

  - Kriegskonferenz

  - Entscheidung: Deutschland und Europa werden in Interessensphären aufgeteilt

- **17. Juli – 2. August 1945:** Konferenz von Potsdam auf Schloss Cecilienhof

Krieg in allen Elementen

U-Boot-Krieg

- 8 Phasen

    1. **September 1939 – Juni 1940:** britische Inseln

    2. **Mitte 1940 – März 1941:** Irland

    3. **Frühjahr – Dezember 1941:** große Geleitzugschlachten, Erstmalige Entschlüsselung des Deutschen Funkverkehrs

    4. **Anfang – Mitte 1942:** Kriegseintritt der USA

    5. **Juli 1942 – Mai 1943:** Geleitzugsystem funktioniert

    6. **Juni – August 1943:** Abbruch der U-Boot Schlachten ; Verlegung in exotische Gebiete

    7. **September 1943 – Mai 1944:** Neue Technische Erfindungen

    8. **Sommer 1944 – Ende:** Rückzug in die Heimat

- U-Boote waren im Ersten Weltkrieg schon sehr wichtig

- Aus dem unbeschränkten U-Boot-Krieg resultierte der Kriegseintritt der USA 1917 und damit die Niederlage

- Bekanntester Typ: VIIc

- Rückgrad der U-Boot-Marine (577 Stück)

- Eigentlich ein Überwasserfahrzeug
  -> verwundbar

- Angriffe auf Handelsschiffe besonders für Großbritannien problematisch

- Flottenabkommen nach dem Ersten Weltkrieg: Deutschland durfte auf 45% des britischen U-Boot-Bestandes aufrüsten

- Karl Dönitz (1891-1980)

    - 1936: Führer der U-Boote

    - 1943: Oberbefehlshaber der Kriegsmarine

    - 1945: von Hitler in dessen Testament zu seinem Nachfolger ernannt

- 1946: zu 10 Jahren Haft in den Nürnberger-Prozessen verurteilt

- „Rudeltaktik"

- **3. September 1939:** Versenkung der SS Athenia -> Parallelisierung zur Versenkung der Lusitania 1915 (britisches Passagierschiff)

- „Torpedo-Krise" -> Torpedos sind zu unzuverlässig

- Am Ende der Ersten Phase, hatte die Deutsche Kriegsmarine 23 ihrer ursprünglich 57 U-Boote verloren

- **31. Juli 1940:** offizielle Bitte Churchills an Roosevelt um Hilfe

    - 50 Zerstörer der US-Navy aus Zeiten des Ersten Weltkrieges werden Großbritannien zu Hilfe geschickt

    - Stufenweiser Eintritt der USA in den Zweiten Weltkrieg

- **Ende 1940:** Großbritannien ist pleite

    - <u>Die Enigma-Maschine</u>

        - Der Krieg wird in Bletchley Park entschieden

        - 1941 erstmals entschlüsselt

        - 1942: die 4. Walze wird hinzugefügt: die Enigma ist erst mal wieder sicher

        - Rechenmaschine Colossus -> Krieg der Techniker in Hütte Nr. 4

    - „Liberty"-Schiffe -> standartisierte Schiffe

        - die einzelnen Teile können überall gebaut werden

        - die Schiffe müssen in den Werften nur noch zusammen gesetzt werden

        - Nadelöhr Werft ist nicht mehr existent

- Nach dem Kriegseintritt der USA -> Verlegung des U-Boot-Krieges an die US-Küste, weil ungesichert

- Die „Laconia-Affäre"

- **12. September 1942:** das U-Boot U-176 versenkt das britische Passagier Schiff „Laconia"

  - es befinden sich rund 1700 italienische Kriegsgefangene, sowie Frauen und Kinder an Bord

  - das U-Boot taucht auf und lässt die Schiffbrüchigen an Bord

- ruft unverschlüsselt zwei weitere U-Boote

- Alliierte greifen trotzdem an

- Die U-Boote müssen sich zurück ziehen

  ↳ „Laconia-Befehl" -> Dönitz verbietet in Zukunft Schiffbrüchige an Bord zu nehmen

  - 1083 Schiffbrüchige können gerettet werden, weit über die Hälfte, weil französische Passagierschiffe zu Hilfe kommen

  - Verfilmung 2011

- **1944:** Abbruch der Atlantikschlacht

- Bilanz: **7. Mai 1945:** letztes deutsches U-Boot geht verloren

- 30.000 Alliierte beim U-Boot-Krieg gestorben

- ca. 30.000 – 40.000 Deutsche Tote -> größte Verluste

Der Luftkrieg

<u>Planungen:</u>

- Bereits im Ersten Weltkrieg wurde der Luftkrieg für das Jahr 1919 geplant, es kam aber nicht mehr dazu

- Annahme, dass in einem Zukunftskrieg ein uneingeschränkter Luftkrieg geführt werden würde / müsste

- Krieg gegen die Zivilbevölkerung -> Moral Bombing

  - Ziel: Moralischer Zusammenbruch

  - Mischung militärischer Annahmen und Rassengedanken

- Mittel zur Vergeltung

- Möglichkeit sich den jahrelangen Grabenkrieg des Ersten Weltkrieges zu ersparen

- *Vordenker:*

  - Giulio Douhet (Italiener) (1969-1930)

  - William L. Mitchell (USA) (1879-1936)

  - Sir Hugh Trenchard (GB) (1873-1956)

- **1932:** der britische Premierminister sagt: man muss mehr Frauen und Kinder töten als der Feind

- Giftgas wird nicht eingesetzt

Umsetzung:

- Abbesinienkrieg (Italien)

- **26. April 1937:** Guernica / Spanischer Bürgerkrieg

  - 20.000 deutsche Luftwaffensoldaten im Einsatz

  - Gemälde von Pablo Picasso

  - Stadt fast vollkommen zerstört -> Feuersturm

- **24. – 26. September 1939:** Bombardierung von Warschau -> Altstadt zerstört

- **1940:** Bombardierung Rotterdams

- **April 1941:** Bombardierung Belgrads

- *Deutschland:*

  - **12. Mai 1940:** Erster Bombenangriff auf Deutschland: 35 Bomber fliegen gegen Mönchengladbach

  - **März 1942:** Erster Strategischer Angriff auf eine Deutsche Stadt: Lübeck

  - Als nächstes Köln -> „Tausend Bomber Angriff"

  - **Juli 1943:** Bombenangriff auf Hamburg

  - Ruhrgebiet

  - **Ab 1943:** Bombenangriffe auf Berlin

- „Krieg der Flugblätter"

- Entgrenzter Krieg – Keine Unterscheidung mehr zwischen Zivilisten und Kompartanten

Propaganda-Rundfunksendung vom 24.12.1942

- Weihnachtsringsendung

- 90 Minuten lang

- 4-Minütige Schlusssequenz

- Austausch von Grüßen zwischen Heimat und Front

- Live-Schaltung

- Echt?

- Ganzer Frontraum inklusive Afrika und Finnland

Krieg der Technologien

<u>Die deutsche Atombombe</u>

- Bis Anfang 1945 glaubten die USA sie lägen in einem Kopf an Kopfrennen mit den Deutschen

- *24. April 1945:* die Amerikaner kamen nach Haigerloch und fanden heraus, dass diese Annahme falsch war

- Die USA haben 4000 mal so viel in ihre Atombombe investiert, wie die Deutschen und rund 25.000 Mann haben daran geforscht

- Otto Hahn (1879-1968) und Liese Meitner (1878-1968) {Jüdin, lebte im Exil}: Grundlagenforschung -> ihnen war als ersten die Kernspaltung gelungen

- Einstein lies sich überreden Roosevelt in einem Brief davon zu überzeugen, dass die USA eine Atombombe brauchten -> dies bezeichnete Einstein später als seinen größten Fehler

  o „Manhatten-Projekt" -> Beginn: 7. Dezember 1941

- <u>Werner Heisenberg (1901-1976)</u>

  - Unschärferelation

  - Leitete 1942-1945 das Kaiser-Wilhelm-Institut für Physik in Berlin-Dahlem (ursprünglich für Einstein gegründet, dort machten Otto Hahn und Liese Meitner ihre Forschung)

  - *September 1941:* Reise nach Kopenhagen zu seinem Mentor und Freund Niels Bohr, angeblich um die Westmächte über das deutsche Atombombenprogramm zu unterrichten und klar zu machen, dass er vorhabe dies zu verzögern bzw. zu sabotieren

    - Bohr widerspricht dieser nachträglichen Darstellung Heisenbergs und sagt, er habe den Eindruck gehabt Heisenberg wolle die Bombe auf jeden Fall bauen

  - Entwicklung sollte 3 bis 4 Jahre dauern

  - *Ende 1942*: Entscheidung: das Projekt sei zu langwierig und zu ungewiss, deshalb wurde ab da nur noch auf Sparflamme weiter geforscht

- Nach dem Einsatz der amerikanischen Bomben zeigten sich die in England internierten deutschen Physiker entsetzt

Rüstungswirtschaft

- Den Rüstungsproduktionswettlauf gewinnen die USA

- Enorme Steigerung von Jahr zu Jahr

- Albert Speer (1905-1981)

    - Großbürgerlicher Herkunft

    - 1924-1927: Architekturstudium, Assistent von Heinrich Tessenow

    - ab März 1931: NSDAP-Mitglied

    - 1932/33: Großaufträge der Partei

    - 1937: Generalinspektor für die Reichshauptstadt -> verantwortlich für die Vertreibung jüdischer Mieter, für Zwangsarbeitseinsätze und Ausbeutung von KZ-Häftlingen

    - Baumeister Hitlers / Germanias

    - 8. Februar 1942: Reichsminister für Bewaffnung und Munition und Leiter der Organisation Todt, Nachfolger Fritz Todts

    - 23. Mai: Verhaftung, in Nürnberg zu 20 Jahren Haft verurteilt

    - schrieb sich selbst das sogenannte „Deutsche Rüstungswunder" zu

- These des „Deutschen Rüstungswunders"

    - Verdreifachung der Rüstungsproduktion von 1942 auf 1944

    - Statistiken wurden geschönt

    - Rüstungswunder gab es nicht

Zwangsarbeit

- Rüstungsmotor des Zweiten Weltkrieges (Deutschland, Sowjet Union und Japan)

- Merkmale:

    - *Rechtlich:* Unauflöslichkeit des Arbeitsverhältnisses

    - *Sozial:* geringe Chancen, nennenswerten Einfluss auf die Umstände des Arbeitseinsatzes zu nehmen

    - Erhöhte Sterblichkeitsrate die auf überdurchschnittliche Belastung und eine unter dem tatsächlichen Bedarf liegende Versorgung hinweist

- Extremform der Zwangsarbeit: KZ -> wurde in Nürnberg als Sklavenarbeit betitelt

- Ausländische Zivilarbeiter

- Kriegsgefangene -> unterlagen formal dem Schutz der Genfer Konventionen -> Zwangsweise Überführung ganzer Einheiten in den Status von Zivilisten, konnten so trotzdem in der Rüstungsindustrie eingesetzt werden

- Häftlinge -> kein rechtlicher Schutz, sowohl KZ-Häftlinge als auch Insassen von sogenannte „Arbeitserziehungslagern" oder Ghettoinsassen

- **Zahlen:**

  - **1939-1945:** Großdeutsches Reich: 13,5 Millionen ausländische Arbeitskräfte und KZ-Häftlinge

    - 8,4 Millionen Zivilarbeiter, 4,6 Millionen Kriegsgefangene

    - 1,7 Millionen KZ-Häftlinge und „Arbeitsjuden"

    - 80-90% der ausländischen Arbeitskräfte sind als Zwangsarbeiter zu bezeichnen

- im Ersten Weltkrieg gab es auch Zwangsarbeit zwischen 1916 und 1917 aber nur maximal 100.000 Betroffene und nur für sehr kurze Zeit und dann nicht mehr während dieses Krieges

- großer Überwachungs- und Kontrollapparat

- *Rassenideologie:* West-Ost-Gefälle -> Westeuropäer hoch-, Osteuropäer minderwertig

- Beginn der Zwangsarbeit: Zerschlagung der Tschechoslowakei -> 50.000 Arbeiter aus Tschechien werden nach Deutschland gebracht

- Im großen Stil: Zerschlagung Polens: **März 1940** „Polen-Erlasse"

  - Sonderrecht für polnische Zwangsarbeiter -> Drohung: Verlegung ins KZ bei Aufmüpfigkeit

  - **1939-1945:** 1,6 Millionen polnische Zivilisten als Zwangsarbeiter, 300.000 polnische Kriegsgefangene

- Westen: zunächst freiwillige Anwerbung (vor September 1942) -> 850.000 französische Arbeiter angeworben in Frankreich tätig

  - Danach: „Arbeitsdienstpflicht"

  - Konnten nach September 1942 auch nach Deutschland verbracht werden

  - Im gesamten Krieg 1 Million französische Zwangsarbeiter

  - Besser behandelt als die Ost-Europäer, weil ihre Rasse höherwertig war

- Osten: **Dezember 1941** Deportation von Zwangsarbeitern nach Deutschland zum Arbeitseinsatz, vor allem Frauen, weil sie als weniger gefährlich galten

  - Arbeitspflicht: Männer bis 65 Jahren, Frauen bis 45 Jahren

  - **Sommer 1942:** Pflichtdienstzeit für Jugendliche

- Sterblichkeit der Ostarbeiter etwa 3-4-mal so hoch wie die der Deutschen

- 2,7 - 2,8 Millionen Ostarbeiter

- Italienische Internierte nach Seitenwechsel Italiens: 600.000, 400.000 davon zu Zivilen Arbeitskräften gemacht

- deutsche Rüstungsindustrie auf Zwangsarbeit angewiesen

- Opferentschädigung: nach 1945: keine Zahlungen an (Ost-) Zwangsarbeiter, erst ab 2000

Japan:

- *Zahlen:* 1 – 1,5 Millionen Zwangsarbeiter im japanischen Kernland, die meisten davon Koreaner (bis zu 700.00 Stück) aber auch Chinesen und Taiwanesen

- Arbeitsbedingungen katastrophal

- 111 Japaner nach dem Krieg deswegen verurteilt

- bis heute keine Entschädigungszahlungen

- Zwangsarbeit u.a. in Stollen / Bergbau, Eisenbahn, Landwirtschaft

- Aber im Gegensatz zu Deutschland: <u>KEINE</u> Politik der **„Vernichtung durch Arbeit"**

Sowjet Union:

- Gulag

- Zwangsarbeit von Kriegsgefangenen, Reichsfeinden und Deutsch-Russen

Kollaboration

- **24. Oktober 1940:** Treffen zwischen Pétain und Hitler. Danach: Aufruf an die französische Bevölkerung zur „Collaboration" mit den Besatzern im unbesetzten Frankreich -> Geburtsstunde des Begriffs

- Norwegen: Begriff „Quisling" wegen Vidkun Quisling

- Phänomen des Zweiten Weltkrieges

- Beziehung auf Gegenseitigkeit, asymetrisch, Handelsspielraum muss vorhanden sein, Ziele der Besatzer -> Ruhe und Frieden, Produktion (Ausbeutung) soll weiter laufen mit möglichst geringem Aufwand

- Kollaboration mit traditionellen Eliten

- Besatzer -> geringe Eingriffe in den Kulturraum des jeweiligen Landes -> nicht vereinbar mit der Deportation der Juden = massiver Eingriff

4

- **Osten:**

  - Besatzung = Eroberung von Lebensraum

  - Große Eingriffe in den Kulturraum / die Bevölkerung

  - Umsetzung von Rassenutopien

  - Jugoslawien: Besatzung und Kollaboration führt zu „Bürgerkrieg"

  - Erstes Land, das kollaboriert ist das Protektorat Böhmen und Mähren

    - Haben noch einen eigenen Präsidenten

    - Land kommt relativ gut durch den Krieg, 50.000 Tote, im Vergleich zu Polen und der Sowjet Union relativ wenig

    - Lebensmittelrationen teils höher als in Deutschland

- **Westen:**

  - Belgien:

    - Bruchlinie: Wallonien / Flandern

    - Gruppen versuchen ihre Ziele durch Kollaboration zu erreichen

      - Flandern will einen eigenen Staat / Abspaltung von Belgien

      - Wallonien will die Führung des Belgischen Staates oder einen eigenen Staat

  - Frankreich:

    - Wird relativ privilegiert behandelt

      - Vichy-Regime darf die Übersee-Kolonien behalten, etc.

    - *Pétain:* Ziel: 1789 soll ungeschehen gemacht werden

    - **1944:** Résistance erhält einen Aufschwung und wird eine Volksbewegung, NACH der Landung in der Normandie

- Ob die Kollaboration effektiv ist, sieht man an der Umsetzung des Holocaust

  - Belgien: 40% der Juden sterben

  - Niederlande: 90% der Juden sterben

  - Frankreich: eigene Fremdengesetzgebung und Antijüdische Verordnungen noch bevor Deutschland das fordern kann

Der Zweite Weltkrieg und die Folgen

Vernichtungskrieg

- Deutschland

  - Holocaust

  - Umsiedlung

- Japan

  - Expansion (Nord-China, Korea)

  - **1932:** Kriegsverbrechen: Mord an 3000 Menschen

  - Angriff auf Shanghai: 18.000 Tote

  - **1937:** Massaker von Nanking: 200.000 – 300.000 Tote (John Rabe, Deutscher)

  - Todesmarsch von Bataan (Philippinen): 14.000 amerikanische und mehrere tausend philippinische Kriegsgefangene

  - Einsatz biologischer und chemischer Waffen

    - Einheit 731: Biowaffen-Fabrik in China

    - **Ende 1941:** 3000 chinesische Kriegsgefangene wurden absichtlich mit Typhus infiziert und dann freigelassen damit sie ihre Familien auch infizierten

    - An 20.000 Menschen wurden Menschen-Versuche durchgeführt -> ähnlich wie in den deutschen Konzentrations- und Vernichtungslagern

  - Hungerpolitik in Vietnam 1944/1945, ca. 2 Millionen Tote, 10% der Bevölkerung, in Indonesien 4 Millionen Tote, insgesamt während der japanischen Besatzung

  - Zwangsarbeit

  - Besondere Form von Kriegsverbrechen

- Westverschiebung Polens -> große territoriale Verschiebungen in Europa, Vertreibungen von Bevölkerungen

- Kriegstote: 56.000.000, ca. 34.000.000 Zivilisten, 60% der Weltbevölkerung

- Das 4-fache der Todesopfer des Ersten Weltkrieges

- 11 Millionen Wehrmachtssoldaten geraten in Kriegsgefangenschaft

- 12 Millionen Deutsche werden aus Osteuropa vertrieben

- 7 – 8 Millionen „Displaced Persons" (z.B. Juden, Zwangsarbeiter)

Die Nürnberger Prozesse

- ähnliches gab es auch nach dem Ersten Weltkrieg -> Leipziger Prozesse, aber es gab kaum Ergebnisse
- **8. August 1945:** Londoner Viermächte Konferenz

<u>Erster / Hauptkriegsverbrecher Prozess:</u>

- **20. November 1945 – 11. Oktober 1946:** in Nürnberg, US-Zone nach amerikanischem Vorbild

- Saal 600

- Die vier Siegermächte stellen je zwei Vertreter

- <u>Anklagepunkte</u>: Verschwörung, Verbrechen gegen den Frieden (dessen wäre die SU auch schuldig), Kriegsverbrechen, Verbrechen gegen die Menschlichkeit

- Jede Siegermacht stellt einen Hauptankläger

(Auf der Anklagebank: Göring, Heß, von Ribbentrop, Keitel (vorne), Dönitz, Raeder, von Schirach und Sauckel (dahinter))

- Die <u>Angeklagten</u> sind:

  - prominente Nationalsozialisten: u.a. Göring, Heß, Burmann und von Ribbentrop

  - Politisch: Franz von Papen als politischer Wegbereiter Hitlers

  - Mehrere Wehrmachtvertreter, u.a. Keitel, Jodl, Raeder und Dönitz

  - Für den Terrorapparat: Chef des SD und andere

  - Für die Kriegswirtschaft: u.a. Speer

  - Besatzungspolitik: Hans Frank, Arthur Seyß-Inquart

  - Propaganda: Julius Streicher, Hans Fritsche und Reichsjugendführer Baldur von Schirach

- Strategie der <u>Verteidigung</u>:

  - Der Prozess verstößt gegen das Rückwirkungsverbot

  - Die Angeklagten hätten nur Befehle befolgt, die eigentlichen Schuldigen (Hitler, Himmler, etc.) sind schon tot

- <u>Urteile:</u>

  - 12 Todesurteile

  - 7 langjährige Haftstrafen bzw. lebenslange Haft

  - 3 Freisprüche

(Blick in den Verhandlungssaal am 30. September 1946, links die Angeklagten. 1. Reihe v.l. Hermann Göring, Rudolf Heß, Joachim von Ribbentrop, Wilhelm Keitel, Ernst Kaltenbrunner, Alfred Rosenberg, Hans Frank, Wilhelm Frick, Julius Streicher, Walter Funk, Hjalmar Schacht. 2. Reihe: Erich Raeder, Baldur von Schirach, Fritz Sauckel)

- Verbrecherische Organisation: u.a. SD, Gestapo

- Polen wird kaum behandelt, Westeuropa meist detailliert

- Völkerrecht: Kriegstreiber persönlich verantwortlich -> das eigentlich wichtige Ergebnis ist die Entwicklung, großer völkerrechtlicher Fortschritt

- 12 nachfolge Prozesse gegen Ärzte, Juristen, führende Mitglieder der SS, NSDAP und Industrielle, ca. 150 Personen, darunter auch der Wilhelm-Straße-Prozess, in dem es um die Verantwortung des Auswärtigen Amtes geht

- <u>Kritik:</u> Siegerjustiz, Rückwirkungsverbot, Einseitigkeit (UdSSR wird nicht belangt), Zufälligkeit der Auswahl der Angeklagten

- **April 1946 – November 1948:** Prozess in Tokio

    - Urteile ähnlich wie in Nürnberg:

    - 28 Angeklagte, 7 zum Tode verurteilt, 16 zu Haftstrafen

Kriegserinnerungen

- einschneidendes Ereignis für alle

- Drei Strategien:

    1. Quarantäne-Prinzip: Vergangenheit wird ausgeblendet. Der Krieg sei von außen gekommen und habe mit den Menschen an sich nichts zu tun (Frankreich, Italien)

    2. fehlende Auseinandersetzung mit der eigenen Täterrolle (Deutschland, Österreich, Frankreich, Polen)

    3. Marginalisierung der Vergangenheit

- Zweite Welle der Beschäftigung mit Kriegsverbrechen in Deutschland in den 1960er Jahren

- Selbstvictimisierung u.a. in Deutschland und Österreich

Der Kalte Krieg

- Das Ende des Zweiten Weltkrieges war für Westeuropa eine Befreiung, für Osteuropa gab es eine Fortsetzung der Diktatur aber unter einem anderen Diktator

    o Folge: Spaltung der Welt -> Kalter Krieg

- Begriff erstmals verwendet von Walter Lippmann (1889-1974) in seinem 1947 erschienenen Buch „the cold war" -> wird zum Epochenbegriff

- Ab wann gab es den „Kalten Krieg"?

    - **1917**: Russische Revolution: Kapitalismus – Kommunismus -> Entstehung der Blöcke

    - **1946/1947**: nach der Aufteilung Europas

- Kennzeichen: kein Krieg -> dafür Stellvertreterkriege u.a. in der Dritten Welt

- **26. Juni 1945:** UN-Charta -> Bildung Supra-Nationaler Organisationen

  - Zweck: Friedenswahrung

    - **bis 1971:** China Gründungsmitglied -> danach wurde der Sitz nicht mehr durch Taiwan wahrgenommen, sondern durch die Volksrepublik China

      - Streit / Konflikt: Wie viele Chinas gibt es?

- **1955:** Konferenz von Bandung (Indonesien): Treffen von 29 blockfreien Staaten (Afrika, Asien, Orient)

  - Begrifflichkeiten:

    - Erste Welt: Kapitalistisch

    - Zweite Welt: Kommunistisch

    - Dritte Welt: blockfrei

- Dekolonialisierung – Begriff geht auf Moritz Julius Bonn zurück, Boston 1932

- Postkolonialismus – viele globale Herrschaftsverhältnisse bleiben bestehen

- Europa ist nicht mehr das Weltzentrum der Politik

- Wann endet die Nachkriegszeit des Zweiten Weltkrieges? – Nach dem Zusammenbruch des Ostblocks 1989/1990?

- Kein klassisches System von Friedensverträgen -> totaler Zweiter Weltkrieg -> totale Niederlage